Sandra Grimm

Tauch ein ins Reich der Delfine!

Illustrationen von Ute Simon

FSC

Mix
Produktgruppe aus vorbildlich
bewirtschafteten Wäldern und
anderen kontrollierten Herkünften

Zert.-Nr. SA-COC-001976
www.fsc.org
© 1996 Forest Stewardship Council

ISBN 978-3-7855-6716-6
1. Auflage 2010
© 2010 Loewe Verlag GmbH, Bindlach
Umschlagillustration: Ute Simon
Umschlaggestaltung: Christian Keller
Innenlayout: Ines Wagner
Redaktion: Ann-Katrin Heger
Printed in Italy (028)

www.loewe-verlag.de

Inhalt

Ein Zahn macht Ärger

„Und, Jesper, was hast du gemacht?", fragt Erzieherin Tanja. Alle Kinder dürfen heute erzählen, was sie in den Ferien erlebt haben. Gerade hat Tina von ihrem Zeltausflug berichtet. Jetzt **springt** Jesper auf. „Ich war am Meer. An der Nordsee. Wir haben Muscheln gesammelt. Und Krebse gefangen.

 Aber natürlich wieder freigelassen."

Er grinst. „Und dann habe ich diesen Delfinzahn gefunden!"

Stolz zeigt er den anderen Kindern im Kreis den Anhänger seiner Halskette.

„Papa hat ein ganz feines Loch durchgestochen. Ist der nicht toll?" Jesper strahlt die anderen Kinder an.

„Das ist bestimmt kein Delfinzahn", meint Janne. „Vielleicht ist das der Milchzahn deiner großen Schwester!" Sie lacht. Ein paar Kinder lachen mit. „Nein! Das ist ein Delfinzahn!" Jesper **blitzt** Janne **wütend** an. Tina kommt ihm zu Hilfe. „Genau. Wieso auch nicht? Er ist groß und spitz, wie bei Delfinen eben."

So ein Quatsch!

Bevor Tanja etwas dazu sagen kann, rennt Jesper beleidigt nach draußen. Blöde Janne. Was weiß die schon! Jesper hält seinen Anhänger ganz fest.

Und das ist doch ein Delfinzahn!

„Ich glaube das auch", sagt Tina, die ihm nachgelaufen ist.
„Und wir beweisen das sogar."
„Wie denn?" Jesper sieht sie verblüfft an.
„Wir gehen zum Professor", lacht Tina und *zieht* Jesper an der Strickjacke mit sich. „Der weiß doch alles!"

Der Professor ist Hausmeister im Kindergarten und wohnt in einer Lokomotive auf der großen Kindergartenwiese. Gerade poliert er mit einem Tuch ihre Räder.

„Was machst du da, Professor Zweistein?", fragt Tina.

„Ich reibe den Rost von meiner alten Dame", sagt er.

„Sie ist eitel und fährt nur, wenn sie gut gepflegt wird." Lachend schiebt er seine Pfeife von einem Mundwinkel in den anderen. Natürlich ist die Pfeife nicht angezündet. Der Professor will ja nicht krank werden!

„Was führt euch zu mir und meiner magischen Lok?"

Tina und Jesper kichern. „Hier!" Jesper hält Professor Zweistein den Zahn unter die Nase. „Ein Delfinzahn. Das ist doch
einer, oder?" Ein bisschen zweifelt er nun selbst daran. „Es
gibt doch Delfine in der Nordsee?"
Der Professor nickt. „Na klar. Delfine gibt es fast überall.
Sogar verschiedene Arten."

„Delfine sind nicht alle gleich. Wir Menschen sind ja auch verschieden. Die einzelnen Delfinarten sehen anders aus, verhalten sich anders und leben in anderen Gebieten." Der Professor kratzt sich am Kopf. „Ach, ich glaube, von der Wirklichkeit lernt man mehr als durch Geschichten eines alten Professors. Kommt, steigt ein!" Er öffnet die Tür zum Waggon mit den herrlich weichen roten Samtsitzen. Im Nu sind Jesper und Tina hineingeklettert. Der Professor setzt seine Lokführermütze auf.

Los geht's!

Unterwasserwelt

„Wo kann man denn Delfine sehen?", überlegt Tina. „Ob die Lok uns in ein Museum fährt?"

„Wohl eher in den Zoo", meint Jesper. Dann wird es laut:

„Tschtschtsch", zischt die Lok los. Die Kinder müssen sich festhalten, denn sie beginnt zu ruckeln und schwankt kräftig hin und her. Es knackt zweimal laut. Dann blubbert es. Es blubbert?

„Ist das der Zoo?", fragt Jesper verdutzt.

„Draußen ist alles dunkel. Und nass ...", ruft Tina. Aufgeregt springt sie vom Sitz und drückt ihre Nase an der Scheibe platt.

„Wieso nass?" Jesper schüttelt verwirrt den Kopf.

„Na, ist doch klar, wir sind im Meer!", jubelt Tina.

Es **knackt** im Lautsprecher und die Lok wirft ihre Scheinwerfer an.

„Richtig geraten", tönt die Stimme des Professors blechern.

„Wir sind etwa zwei Meter unter der Meeresoberfläche, mitten im Mittelmeer."

„Im Mittelmeer? Von was ist es denn die Mitte?"

„Äh", der Professor macht eine Pause. „Ihr stellt immer schwierige Fragen! Es liegt südlich von Deutschland und Europa. Noch weiter unten auf der Erdkugel ist dann Afrika. Es liegt also in der Mitte von Europa und Afrika."

„Und hier gibt es Delfine?" Jesper sieht zweifelnd ins Wasser hinaus.

Der Professor lacht. „Jede Menge! Acht verschiedene Arten leben ständig hier, aber es schauen mindestens doppelt so viele immer mal wieder vorbei."

„Da ist einer!", schreit Tina. Ihr Finger p^{i}k$_{s}$t so heftig gegen die Scheibe, dass Jesper fürchtet, sie könne einen Sprung bekommen und das ganze Wasser hereinlassen. Dann sieht auch er die Tiere. „Es sind ganz viele!" Staunend reißt Jesper die Augen auf. Plötzlich kichert er. „Ob die so eine Lok schon mal gesehen haben?"

Der Professor schmunzelt. „Bestimmt nicht. Aber wir sind gar kein Zug mehr. Die magische Dampflok hat sich in ein U-Boot verwandelt."

„Die Delfine sehen schön aus", findet Tina. „So **lang** und glatt. Und sie glitzern in der Sonne."

Sie erschrickt, als der Professor plötzlich neben ihr steht. „Wie kommst du hierher?"

„Die U-Boot-Lok hat einen Gang, durch den ich zu euch herüberkommen kann. Praktisch, nicht? – Das habe ich auch gerade erst entdeckt", sagt Professor Zweistein verschmitzt. „Diese Delfine dort nennt man übrigens Große Tümmler. Ihr Maul ist leicht gebogen, deshalb sehen sie aus, als würden sie immer lächeln."

„Ich glaube, die lächeln wirklich", meint Jesper. „Der da zum Bei-
spiel. Oh, er kommt genau auf uns zu!" Ein kleiner Delfin
schwimmt neugierig näher an die U-Boot-Lok heran. Er öffnet sein
Maul , als wolle er etwas sagen. „Ich mach mal die

Maul

Übersetzungsmaschine an, dann können wir uns mit ihm unterhal-
ten", murmelt der Professor.

„Seht mal die Zähne!", ruft Jesper begeistert. „Der hat irre viele Zähne Zähne
Zähne Zähne Zähne Zähne Zähne Zähne Zähne Zähne, bestimmt fast hundert!"

„Die sehen aber nicht so groß und spitz aus wie deiner", sagt Tina
vorsichtig.

Jesper nickt. „Also kein Delfinzahn. Schade."

Da kommt Professor Zweistein
zurück. „So, jetzt kann der Delfin
euch hören."
Tina ruft: „Hallo Delfin! Wie heißt du?
Nimmst du uns ein bisschen mit?"
Der Delfin sieht sie neugierig an. Dann antwortet er: „Ja – klick –
gern, pfüü – schwimmt mir – klick – einfach – pfüü – hinterher!"
„Oh, da ist wohl noch ein Wackelkontakt", brummelt Professor
Zweistein.
„Warum brauchen wir eine Übersetzungsmaschine?", wundert sich Tina.
„Die anderen Tiere können wir doch auch immer hören."

„Gut aufgepasst", lobt der Professor. „Aber die meisten Laute des Delfins sind in einer Ton^höhe, die das menschliche Ohr nicht hören kann. Deshalb muss die Maschine sie übersetzen. Übrigens kann der Delfin mit den Klickgeräuschen auch seine Beute entdecken. Wie ein Echo kommen die Töne zurück und verraten ihm, wo die Fische sind. Und wie groß. Und außerdem ..."

Jesper unterbricht ihn. „Schnell, sonst ist er weg!"

„Ja, ja, ein alter Mann ist kein Tümmler", stöhnt der Professor, „Delfine sind so schnell, weil sie **lang** und **schmal** sind und eine so glatte Haut haben. Da flitzen sie durchs Wasser wie ein Blitz. Aber meiner alten Lok muss ich erst mal Dampf   unter den Rädern – äh, Schiffs-
schrauben – machen."

Aber der Delfin schwimmt um sie herum. Er hat gewartet, bis das U-Boot ihm folgt. „Ich heiße Finn", erzählt er. „Ich war eben mit meinen Verwandten unterwegs, um Futter zu suchen."

„Ist das deine Familie?", fragt Tina und sieht den anderen Delfinen mit Hunderten Fischen dabei zu, wie sie einen großen Schwarm immer enger einkreisen.

„Ja", erklärt Finn. „Aber eine Familie heißt bei uns Schule." Schule? Tina und Jesper kichern. Dann sehen sie, wie die Delfinschule sich einen Fisch nach dem anderen schnappt.

Verschluckt!

„Hast du keinen Hunger?", fragt Jesper.
„Ich habe gerade schon einen Tintenfisch gefuttert", antwortet Finn fröhlich. „Jetzt gehen wir erst einmal auf Abenteuerreise!" Und schon flitzt er weiter.

Doch plötzlich verschwindet er zwischen zwei Felsen. „Versteckt euch!", ruft er.

„Warum?", fragt Tina. Da schwebt auf einmal ein riesiges schwarz-weißes Tier auf sie zu. „Ein Schwertwal!", schreit Finn. Tina wird blass. Jesper versteckt sich unterm Sitz. „Aber Wale fressen doch keine Delfine, oder?", flüstert Tina. „Der Orca schon!", hören sie den kleinen Delfin noch rufen. Dann wird es dunkler und dunkler und plötzlich können sie gar nichts mehr sehen.

„Ach du **dicker** Wal", schnauft Professor Zweistein verblüfft. „Das Riesentier hat uns gefressen!"
„Ahh! Ich will raus!", kreischt Jesper.
Der Professor kaut auf seiner Pfeife. „Erst einmal schalten wir das Fernlicht an." Es wird heller im Orcamaul. Sie sehen einige Fische und verdutzte Krebse herumschwimmen. Professor Zweistein überlegt: „Also, der Orca ist ein Delfin. Und alle Delfine gehören zur großen Familie der Wale. Also ist auch der Orca ein Wal, das verrät ja auch schon sein Name: Schwertwal. Und alle Wale haben ein sehr feines Gehör. Damit lässt sich vielleicht etwas anfangen, hmm ..."

23

Der Professor geht nach vorn. Im nächsten Moment ertönt die Hupe. Möööööp, mööp, möp. Weil sie im Bauch des Orcas sind, dröhnt es viel lauter als sonst. Die Kinder halten sich die Ohren zu. „Warum machst du das, Professor?", schreit Tina.

„Der Schwertwal kann laute Geräusche nicht leiden, wie alle Delfine!", brüllt der Professor. „Sicher will er uns gleich loswerden." Und tatsächlich: Das Wasser im Delfinmaul beginnt sich zu bewegen, die U-Boot-Lok schaukelt auf und ab. Der Orca scheint sich zu krümmen und zu winden.

Und plötzlich spuckt er mit aller Kraft Wasser aus seinem Maul hoch über das Meer hinaus – und die U-Boot-Lok und einen Haufen Fische gleich mit.

Tina und Jesper fühlen sich wie in der Achterbahn, als das U-Boot sich um sich selbst dreht und dann im Wahnsinnstempo Richtung Meer fällt.

Zum Glück wirft der Professor schnell den Fallschirm aus und so landen sie sanft wieder auf den Wellen.

„Warum hat er uns nicht oben aus dem Blasloch gepustet?", fragt Jesper.

„Weil er dadurch atmet und nicht frisst", antwortet Tina kopfschüttelnd. „Ist doch klar. Oder kannst du dein Essen aus der Nase blasen?" Das kann Jesper tatsächlich. Mit Kakao hat er es schon mal geschafft. Aber das erzählt er lieber nicht.

Im Meer schwimmt Finn aufgeregt hin und her. „Ist euch etwas passiert?" Aber als er sieht, dass alles in Ordnung ist, fängt er an laut zu keckern. „Kikikikiki, das sah sehr witzig aus, wie ihr geflogen seid! Jetzt schaut mal, was ich kann!"

Er taucht ab und springt plötzlich aus dem Meer pfeilgerade in den Himmel. Hoch oben dreht er sich zweimal und schießt dann ins Wasser zurück.

„Wow!", staunt Jesper. „Du bist bestimmt der schnellste Fisch im Meer!" Finn taucht gemeinsam mit dem U-Boot wieder tiefer. „Ich bin doch kein Fisch!", schimpft er entrüstet. „Ich lege doch keine Eier."

„Nein?", fragt Jesper verdutzt.

Finn lacht. „Unsere Delfinjungen wachsen im Bauch heran und werden lebend geboren. Und dann trinken sie Milch bei ihrer Mutter. Ist es bei euch nicht genauso? Wir sind doch Säugetiere!"

Stimmt. Darüber hat Jesper noch nie nachgedacht.

„Aber bist du denn jetzt das schnellste Tier im Meer?", will er wissen.

„Nein", mischt sich Professor Zweistein ein. „Das schnellste Tier ist ein bestimmter Schwertfisch. Aber Delfine sind trotzdem sehr schnell."

Finn führt sie zu einem wunderschön bunt leuchtenden Berg unter Wasser. „Was ist das?", will Tina wissen. „Ein Korallenriff", erklärt der Professor. „Hier kann man die schönsten Pflanzen und Tiere sehen. Wollt ihr ein bisschen mit Finn tauchen?"

Tina und Jesper jubeln. „Warte auf uns, Finn!", ruft Jesper aufgeregt. „Wir müssen uns erst Sauerstoffflaschen anlegen. Wir können ja nicht unter Wasser atmen wie du!" Finn schüttelt seinen schmalen Delfinkopf. „Nein, nein, das können nur Fische! Die atmen unter Wasser. Ich muss auftauchen, wie ihr auch."

„Aber du tauchst ja nie auf!", wundert sich Tina. „Doch, aber ich bin einer der Besten unserer Delfinschule. Ich kann fast eine Stunde unter Wasser bleiben", erzählt Finn stolz. Dann zappelt er mit den Flossen. „Na gut, nur manchmal. Meistens tauche ich auch alle zehn Minuten auf wie die anderen. Kommt ihr jetzt?" Er bewegt seine Fluke, seine Schwanzflosse, und ist im Nu zwischen den Pflanzen verschwunden. Jesper und Tina quetschen sich in die kleine Schleuse des U-Bootes, damit kein Wasser hineingelangt. Dann sind sie draußen.

Schnell weg!

Hinter ihnen blubbert  es. Tina winkt. Der Professor öffnet den Mund, um etwas zu sagen, und verliert dabei das Mundstück seines Schlauches. Er muss auftauchen. Jesper und Tina kichern. Vermutlich hat Professor Zweistein vergessen, dass man beim Tauchen natürlich nicht reden kann! Jesper und Tina schwimmen eilig hinter Finn her, der ihnen wunderschöne Korallen in verschiedensten Farben zeigt. Manche haben viele Ärmchen, die sich im Wasser hin und her bewegen, andere sind flach und haben verschlungene verschlungene Muster. Muster.

Bunte Fischchen und Fischschwärme, Krebse und viele andere Tiere schwimmen zwischen den Korallen herum und verstecken sich darin. Tina und Jesper tauchen eine ganze Weile staunend umher. Dann streckt Tina plötzlich ihren Arm aus und deutet nach vorn. Nicht weit entfernt entdecken sie eine riesige orangegelbe Wolke im Wasser, die langsam größer zu werden scheint. Der Professor dreht sich um und deutet auf das U-Boot. So schnell sie können, klettern Tina und Jesper in die Schleuse und kriechen wieder in den Waggon.

„Was ist das?", keucht Jesper außer Atem.

„Das sind Quallen", erklärt der Professor. Er lenkt das U-Boot rasch an dem Quallenschwarm vorbei.

„Warum sind wir nicht draußen geblieben? Es wäre bestimmt lustig gewesen durchzutauchen!", meint Tina.

„Keineswegs", sagt der Professor lachend. „Das sind Gelbe Haarquallen. Besser bekannt unter dem Namen Feuerquallen. Wenn man ihre langen Fäden berührt, brennt die Haut furchtbar. Schon bei nur einer Qualle. Stellt es euch bei Hunderten vor!" Jesper schüttelt sich.

„Aber Finn ist doch noch draußen!", ruft Tina aufgeregt, als sie entdeckt, dass Finn ganz nah an den Quallen vorbeischwimmt. „Er ist ein Delfin. Er kennt sich bestens aus, hab keine Angst um ihn", versichert ihr Professor Zweistein. Seufzend legt er den Tauchschlauch zur Seite und greift nach seiner Pfeife. „Was bin ich froh, dass ich wieder auf meinem Pfeifchen kauen kann statt auf diesem Gummidings!"

In diesem Moment kommt Finn wieder näher. „Könnt ihr euch an mich dranhängen?", fragt er. „Ich will euch noch etwas zeigen!"

33

Sogleich wirft die U-Boot-Lok ein automatisches
Lasso aus, das sich um die Rückenflosse des Delfins legt.
„Schafft er das?", fragt Jesper besorgt. „Seine arme Flosse!"
Der Professor nickt. „Ich denke schon. Diese Rückenflossen
sind sehr stark. Sie heißen übrigens Finnen, fast so wie der
Delfin!" Da geht ein **Ruck** durch die U-Boot-Lok und Finn
zieht sie stürmisch durch das Wasser. Während der rasanten
Unterwasserfahrt erzählt der Professor: „Es gibt noch
viele andere Delfinarten. Sie sehen sich ähnlich und
haben nur eine andere Färbung oder eine andere
Form."

„Aber der Orca sah überhaupt nicht so aus", widerspricht
Jesper. Der Professor nickt. „Genau. Er ist auch sehr viel
größer. Es gibt sogar einen Delfin, der vorne am Körper ein
schmales langes, gedrehtes Horn hat. Er heißt Narwal. Er lebt
in den kälteren Gewässern, also eher Richtung Nordpol."
Tina lacht. „So verschieden und alles Delfine? Gleich erzählst
du uns noch, dass es himmelblaue, rosafarbene und gestreifte
Delfine gibt! Und das sollen wir glauben?"
Der Professor schmunzelt.

Ob du es glaubst oder nicht, einen davon gibt es!
Er ist ein Flussdelfin und hat tatsächlich eine rosa Haut.

Das Delfinkind

„Wo bringt Finn uns eigentlich hin?", fragt Jesper, dem von der Raserei durchs Meer ganz schwindelig wird. In diesem Moment kommen sie in eine Meeresbucht. Das Wasser wird etwas heller und Finn wird langsamer. Er schwimmt zu ihnen ans Fenster. „Seht mal dort drüben", sagt er leise. Einige Delfine treiben eng zusammen durchs Wasser. „Es sieht aus, als ob sie den Delfin in der Mitte beschützen", flüstert Tina.

„Das ist meine Tante", erklärt Finn. „Sie bekommt gleich ein Delfinbaby. Die anderen Delfinweibchen beschützen sie und bleiben bei ihr."
Plötzlich sehen Tina und Jesper, wie etwas Graues unten aus der Delfinmutter herauskommt. Erst ein Stückchen und dann plötzlich ist das Junge geboren. „Es ist draußen!", jubelt Tina.

oben.

nach

weg

Mutter

der

von

Neugeborene

das

Delfinweibchen

anderen

die

stupsen

dann

Doch

„Was tun sie denn da?", fragt Tina empört.

Finn lacht. „Das Delfinjunge muss doch atmen, deshalb helfen sie ihm an die Oberfläche!" Tina wird rot. Das hätte sie sich ja denken können. „Ach so", murmelt sie.

Als das Delfinjunge wieder herunterkommt, saust es sofort zu seiner Mama.

„Es kann aber schon sehr schnell schwimmen", findet Jesper. Dann stupst das Kleine seiner Mutter in den Bauch.

„Trinkt es?", fragt Tina verwundert.

„Ja", lacht Finn. „Jetzt habe ich einen kleinen Cousin!"

„Das war toll!", findet Jesper.

Finn wackelt mit der Finne. „Nun zeige ich euch noch einen Freund von mir. Und dann muss ich mich verabschieden, ich habe Hunger!"

Er schwimmt langsam voraus. Der Professor beeilt sich, die U-Boot-Lok hinter ihm herzusteuern. Bald entdecken sie im Wasser mehrere große Felsen. Und plötzlich kommt ein Hai dazwischen hervor. Jesper erschrickt. „Versteck dich hinter unserer U-Boot-Lok, Finn!", ruft er aufgeregt.

Wozu? Das ist doch mein Freund. Mit dem gehe ich jetzt auf Fischjagd. Kommt gut nach Hause! Und besucht mich bald wieder!

Schon schwimmt Finn auf die Felsen zu. Doch er muss noch warten, denn der Hai ist neugierig geworden und kommt dicht an die U-Boot-Lok heran. Tina und Jesper weichen vom Fenster zurück.

„Haie sind nicht so furchtbare Tiere, wie immer erzählt wird", sagt Professor Zweistein. „Ihnen wird damit unrecht getan."

„Ich will trotzdem weg", wispert Tina. „Guck mal, die **Riesen**zähne!"
Doch da drückt Jesper die Nase gegen die Scheibe. „Ja, seht
nur!", ruft er. „Genau wie mein gefundener Zahn!" Und tatsächlich, die Haizähne sehen exakt aus wie der Zahn, den Jesper an
der Kette trägt. „Also ist es ein Haizahn. Das ist ja fast noch
besser! Aber – ist der Hai, von dem der Zahn ist, denn jetzt tot?"
Jesper sieht den Professor fragend an.
„Nein, das muss nicht sein", antwortet er. „Beim Hai wachsen
die Zähne alle zwei bis drei Wochen neu."
Jesper seufzt erleichtert.

„Jetzt aber los, wir müssen zurück!", mahnt der Professor. „Am besten schnallt ihr euch an, die Rückverwandlung vom U-Boot in die Lok ist eine ganz schön wackelige Sache!" Jesper und Tina können gerade noch die Gurte anlegen, schon beginnt das U-Boot, im Wasser zu schlingern. Es steigt zur Meeresoberfläche auf und wackelt so sehr hin und her, hin und her, hin und her, hin und her, dass Jesper beinahe seekrank wird. Tina kneift die Augen zusammen. Es plätschert und gluckert. Dann fängt das U-Boot an zu quietschen, als würden sich alle Blechteile verschieben. Jesper klammert sich an seinen Sitz.

Tuuuut!

Tina öffnet vorsichtig ein Auge. Ein Sonnenstrahl scheint durchs
Fenster. Das blaue Schimmern des Meeres ist verschwunden. Als
sie auch das andere Auge öffnet, entdeckt sie die Hecke des Kindergartens. „Wir sind wieder zurück!", strahlt sie.
Jesper schnallt sich ab. „Diese Rückverwandlung war aber wirklich
laut!", ruft er lachend.
Als Tina aussteigt, fallen ihr Tropfen ins Gesicht. Die ganze Lok ist
noch nass. Über dem Schornstein hängen Algen, an den Rädern
haben sich Muscheln verfangen.

„Du meine Güte!", ruft Professor Zweistein. „Wir müssen alles einsammeln und ich bringe es zurück ins Meer."
Natürlich helfen Jesper und Tina dabei. Jesper entdeckt sogar einen verwirrten Krebs auf der Waggonstufe. „Fährst du jetzt mit der Lok wieder ins Meer?", fragt er den Professor.
„Nein!" Professor Zweistein lächelt. „Ich bin so durchgeschüttelt, dass ich erst einmal genug vom Tauchen habe, ob mit oder ohne U-Boot. Ich werde mit dem Zug fahren." Er steckt sich seine Pfeife in den Mundwinkel. „Mit einem normalen Zug", sagt er schmunzelnd.

Tanja um die Ecke.

„Hallo ihr zwei, hat der Professor euch wieder wilde Geschichten erzählt?" Jesper grinst strahlend. „Ja! Und stell dir vor, das ist gar kein Delfinzahn. Es ist ein Haizahn! Weißt du, weil Haie, die bekommen nämlich ..." Plappernd ziehen Tina und er Tanja fort zu den anderen Kindern.

Professor Zweistein hockt sich lachend auf die unterste Stufe der Lok.

Mal sehen, wohin die Reise gehen wird, wenn ich von meinem Urlaub am Meer zurückkomme!

Forscherbericht

Nachdem Tina und Jesper den Kindern ihr Delfin-Abenteuer erzählt haben, organisiert der Kinder-garten eine Meeres-Woche. Hier siehst du, was die Kinder gebastelt und herausgefunden haben:

Für den Häuptling der Meere haben wir eine Haifischzahn-kette gebastelt.

Marla, 3 Jahre, Sonnen-blumengruppe

Wir haben aus Stöckchen und Pappmaschee ein Riff gebaut.

Siri, 4 Jahre, Maikäfergruppe

Du brauchst:

2 L Mineralwasser
3 L Apfelsaft
blaue Lebensmittelfarbe (1 Tube)
Weingummifische
Weingummihaie
Weingummischnüre in Grün

Schütte alles zusammen in eine
große Schale! Guten Appetit!

Mmh, das war viel-
leicht lecker! Und je
länger wir gewartet
haben, umso größer
wurden die Fische.

Lina, 5 Jahre, Fischegruppe

Bei unserem Ausflug
in den Zoo konnten wir
Haie von unten sehen.
Sie waren fast zum
Streicheln nah!

Sebastian, 5 Jahre,
Fischegruppe

47

Für die Garderobe haben wir
uns aus einem großen Luft-
ballon und Pappmaschee
einen freundlichen Delfin
gebaut.

Die Maikäfergruppe

Wir alle spielen jetzt
gerne das Meeres-An-
gel-Magnet-Spiel!

Alle Kinder des
Kindergartens

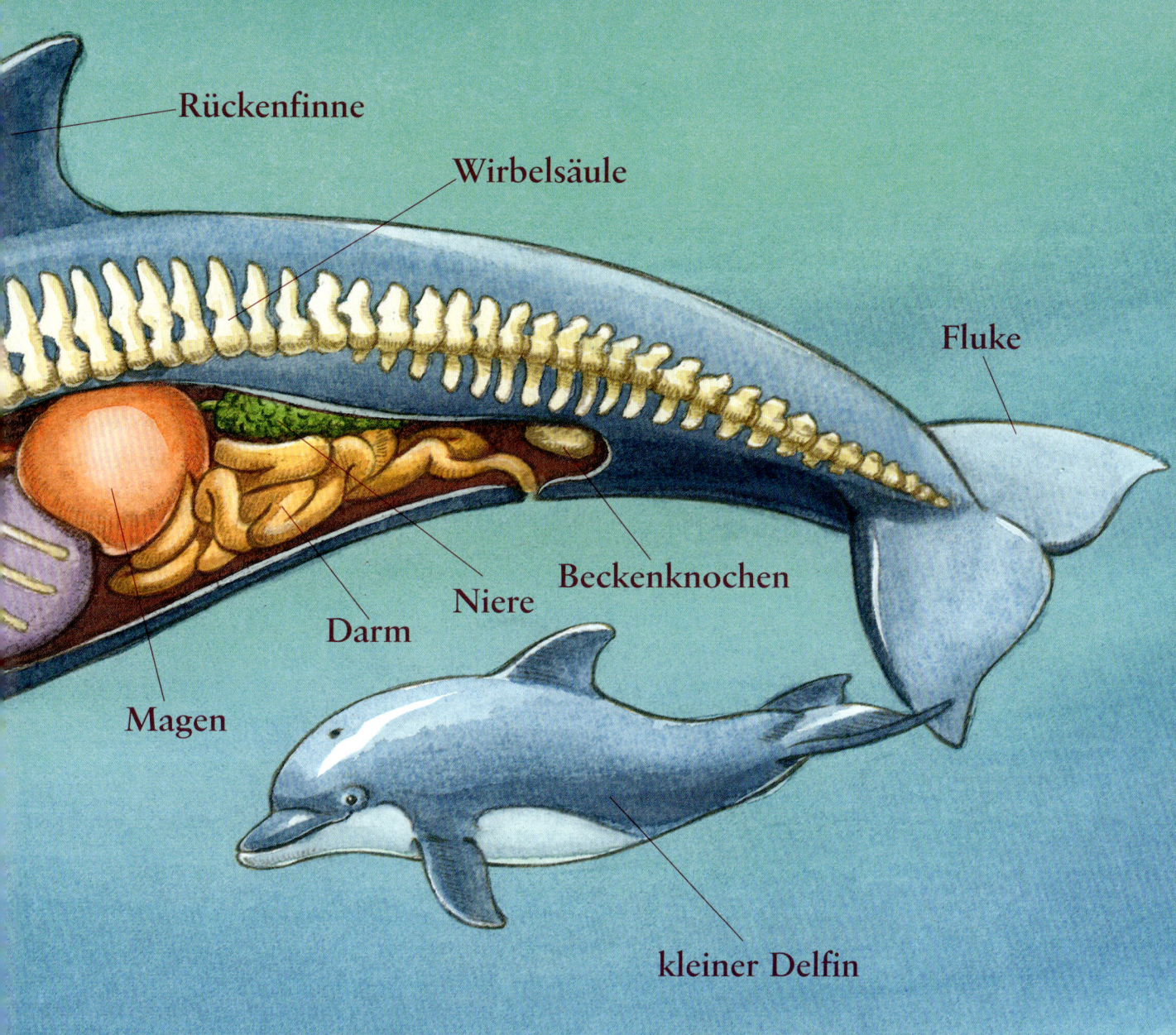

Rückenfinne

Wirbelsäule

Fluke

Beckenknochen

Niere

Darm

Magen

kleiner Delfin

(großer) Schwertwal
(Orca)

großer Tümmler

Atlantischer
Fleckendelfin

gewöhnlicher Schweinswal

Rundkopfdelfin

Amazonas-Delfin
(Boto)

Pilotwal

Narwal

gemeiner Delfin

Belugawal

Diese Schautafel haben wir in die große Halle gehängt. Wir staunen immer wieder über die vielen Zähne.

HAIE

Katzenhai

Tigerhai

Hammerhai

Die Sonnenblumengruppe

Wir üben den Delfinbogen!

Die Fischegruppe

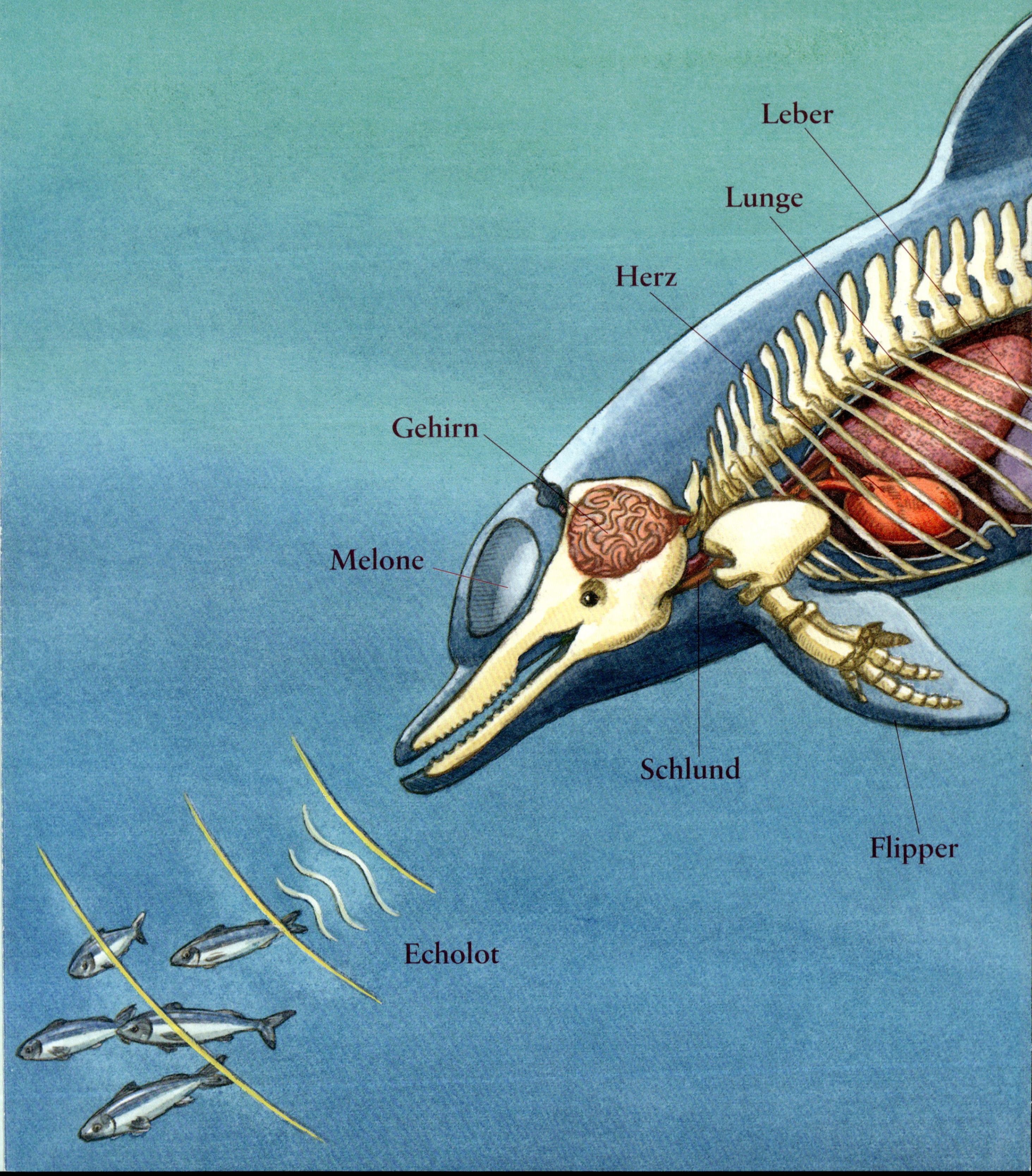

49

Leber

Lunge

Herz

Gehirn

Melone

Schlund

Flipper

Echolot